Corina es una niña de 6 años que vive con

su familia y sus mascotas cuando, de repente, las cosas cambian, debido a un inesperado virus. Mientras se adapta al colegio en casa y extraña a sus amigos, aprende sobre el miedo, la tristeza y la rabia, pero también descubre la importancia de valorar lo bueno que tiene a su alrededor, a pesar de los desafíos.

Corina is a six-year-old girl who lives with

her family and pets when suddenly everything changes as a result of an unexpected virus. While she is adapting to home schooling and missing her friends, she learns about fear, sadness and anger. But she also discovers the importance of valuing all the goodness around her despite all the challenges.

Valores implícitos

A través de Corina experimentamos las distintas emociones y sentimientos que vive ante esta nueva situación y cómo gestiona un torbellino de emociones, aprendiendo a volver a la calma tras la tormenta. Este proceso incluye validar emociones como el miedo y la tristeza, y encontrar la felicidad en las pequeñas cosas.

Implicit values

Through Corina we experience different emotions and feelings as a result of a new situation and we see how she manages a rollercoaster of emotions. She learns how to find calm after the storm. This process includes validating emotions such fear or sadness and finding happiness in small everyday things. And also learning the value of resilience and our capacity to adapt to unexpected changes.

Corina y el virus
and the

Alicia Belvis de Miguel Ilustrado por / Illustrated by Pauls Vind

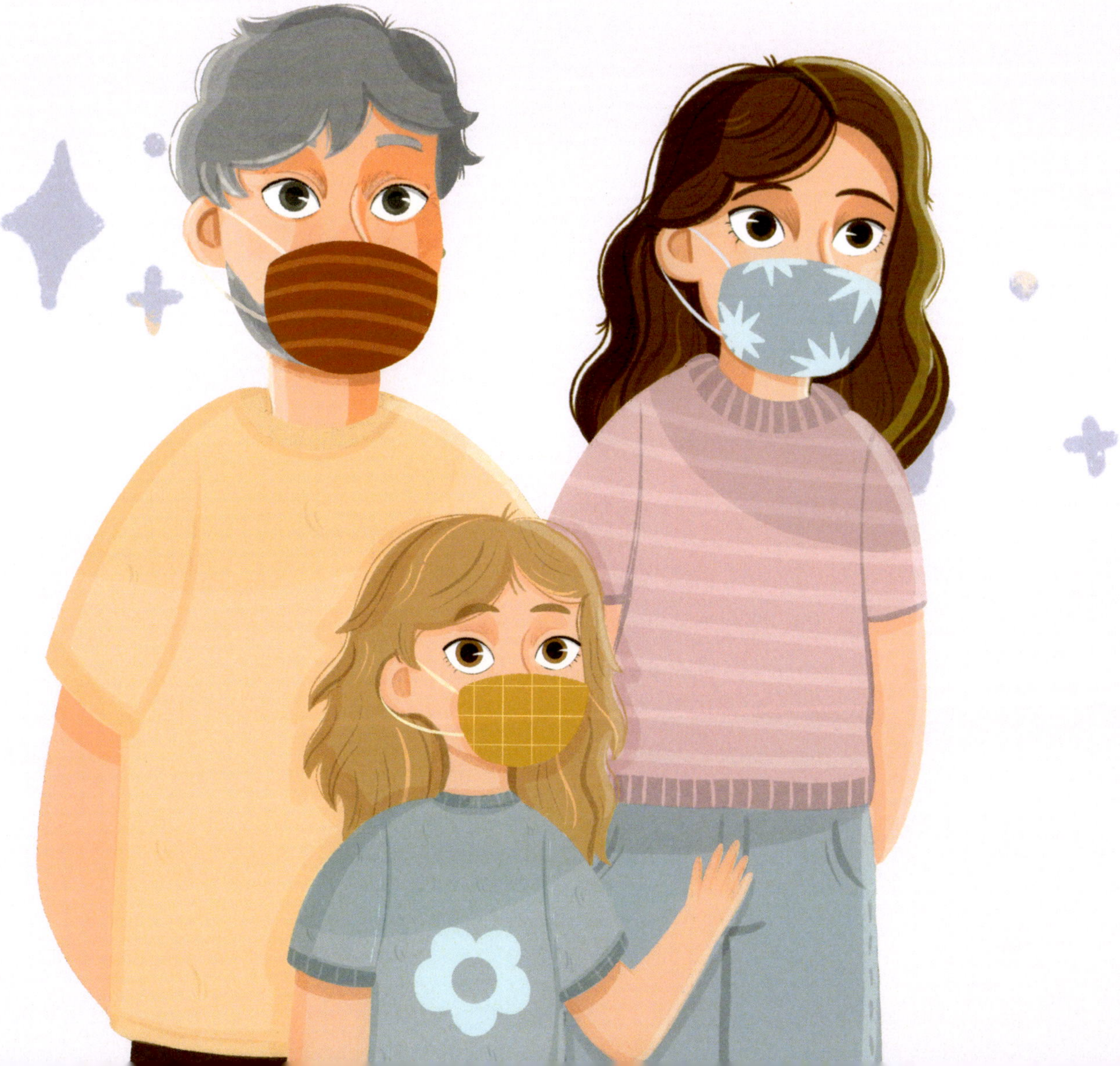

LA MIRADA DE DANIEL
Inteligencia emocional

Corina y el virus/ Corina and the virus

© del texto/text: Alicia Belvis de Miguel
© de las ilustraciones/illustrations: Pauls Vind
© del diseño y corrección/design and correction: Equipo/
Team BABIDI-BÚ

© de esta edición/this edition:
Editorial BABIDI-BÚ, 2025
Avda. San Francisco Javier, 9, 6ª, 23
Edificio Sevilla 2
41018 - SEVILLA
Tlfn: 912.665.684
info@babidibulibros.com
www.babidibulibros.com

Impreso en España/Printed in Spain
Primera edición/First edition:
enero/january, 2025

ISBN: 979-13-87558-55-0
Depósito Legal/Legal Deposit: SE 2680-2024

A Elsa, Eric y Eira, y a todos los niños y niñas que alguna vez se hayan sentido un poco «Corina».

To Elsa, Eric, and Eira, and to all the children who have ever felt a little like "Corina."

¡Hola! Me llamo **Corina** y tengo 6 años.

Hi! My name is **Corina** and I'm 6 years old.

Corina vive feliz con sus hermanos Miau y Poc, y también con su mamá y su papá. Ah, y dos preciosos gatos que siempre la acompañan: Mani y Lula.

Corina lives happily with her siblings, Miau and Poc, and with her mum and dad. Oh, and two gorgeous cats, Mani and Lula, who follow her wherever she goes.

Los días transcurren sin grandes cambios: vamos al cole, jugamos, hacemos actividades… y a veces también nos vemos con los amigos fuera del cole, en cumpleaños o parques.

Time goes by without great change. We go to school, we play, go to after-school activities and sometimes we see our friends outside the school, at birthday parties or in the park.

Un día me dicen que no podemos ir al cole porque hay un virus. Al principio es divertido esto de no tener cole, aunque pronto empezamos a hacer cole en casa. Mi papá es el profesor y, aunque a veces lo veo un poco perdido lidiando con los tres, siempre se las ingenia para hacerlo divertido.

One day I am told we cannot go to school anymore because of a virus. At first, it's quite fun not to have to go to school, although we start home schooling soon after. My dad is the teacher, and while he sometimes seems a bit lost dealing with the three of us, he always manages to make things fun.

Seguimos sin poder salir; las personas están preocupadas, y aunque mamá me ha dicho que no debo preocuparme, a veces siento

miedo.

We still can't go out. Everybody seems worried, and even though mum told me I shouldn't worry, sometimes I feel

afraid.

Puedo correr por mi jardín y jugar con mis hermanos.
Me dicen que tengo suerte porque muchos otros niños
no tienen jardín, pero a pesar de eso, a veces me siento

triste.

I can run around my garden and play with my brother
and sister. I'm told that I'm lucky, as other children don't
have a garden. Still, sometimes I feel

sad.

El tiempo pasó y ya no me parece tan divertido estar sin ir al cole; echo de menos a mis compañeros y amigos, y a mi seño. Aunque podemos verlos en la pantalla, no es como «la vida real».

Time goes by and I don't think it is so fun to be home. I miss my schoolmates, my friends and my teacher. Even though we can see them on the screen, it is not the same as in "real life".

Me han dicho que este virus hace sentir mal a las personas que se encuentra en el camino, aunque algunas empeoran más que otras. Estoy **preocupada**; mi yayo se ha puesto enfermo. Ha tenido suerte; se está poniendo mejor, aunque otras personas no han tenido la misma suerte.

I have been told this virus makes people who cross its path feel bad. However, some people feel worse than others. I am **worried**, my granddad is ill. He has been lucky, he is getting better. However, other people have not been that lucky.

Ya podemos salir; estoy algo **asustada**. Tenemos que llevar mascarillas, mantener distancia entre personas y lavarnos mucho las manos. Pronto me acostumbro a hacer todas esas cosas.

We can go out; it feels a bit **scary**. We have to wear face masks, keep a safe distance and wash our hands a lot. Soon I get used to doing all these things.

¡Vamos a volver al cole! Tengo muchísimas ganas de ver a mis compañeros.

We are going back to school! I am so looking forward to seeing all my classmates!

Me he encontrado con Inés, Mar, Irene, Nuria, Alma, Sara, Alejandro, Sofía… Me siento **contenta**, pero también un poco **triste**, porque dicen que no puedo abrazarles, y mi patio es distinto al que tenía; ya no me tomo el almuerzo jugando.

Siento **rabia**. Tengo rabia porque no me da tiempo a jugar a todo lo que quiero y no hay pelotas, ni puedo ver a mi hermano en el patio como antes le veía porque estamos separados.

I have seen Inés, Mar, Irene, Nuria, Alma, Sara, Alejandro and Sofía. I feel **happy**, but also a bit **sad**, as I cannot hug them and my school yard is different to the one I used to have. Also, I cannot eat my snack during playing time.

I feel **angry**. I am angry because I do not have enough time to play as much as I want, there are no balls and I cannot see my brother as I used to because we have been separated into groups.

Mi mamá dice que está bien sentir **rabia**, pero tenemos que aceptar que las cosas no son como antes. Aunque dicen que han hecho una vacuna, que están investigando mucho y que eso nos ayudará a todos.

My mum says it is ok to feel **angry**, but we have to accept that things are not as they used to be. However, it is said that a new vaccine has been made, that scientists are doing a lot of research and that it is going to help everybody.

De repente, un día me doy cuenta de las cosas buenas que sí tengo y de las que puedo disfrutar porque la vida sigue, aun cuando haya cosas que no me gusten del todo.

- Puedo pasear por el campo e ir de excursión en la naturaleza.
- Puedo saltar.
- Jugar en los columpios.
- Trabajar en el cole.
- Aprender a leer.
- Ir a ver caballos, montar en ellos.
- Jugar al tenis.
- Ver pelis.

Suddenly one day I realise I do have a lot of good things going on and I can enjoy them because life goes on, although there are still some things I don't completely like.

- I can go for a walk in the countryside.
- I can jump.
- I can go on the swing.
- I can work at school.
- I can learn to read.
- I can see the horses and maybe ride them.
- I can play tennis.
- I can watch films.

Veo otra vez la vida de colores, aunque a veces hay días grises. No, no los puedo hacer desaparecer, pero son importantes también y me hacen darme cuenta de lo bueno que son los días de colores.

Y a ti, ¿qué cosas te gustan que puedas hacer?

I can see life in colour again, although sometimes there are also grey days. I cannot make the grey days disappear, because they are important as well, and they help me realise how good the colourful days are.

And you, what are the things you like to do?

Descubriendo lo bueno en cada día

• A veces las cosas cambian y eso puede darnos miedo o hacernos sentir tristes, como le pasó a Corina. Pero siempre hay algo que nos puede hacer sentir mejor. ¿Qué haces tú cuando te sientes triste o asustado?

• Cuando no podemos estar con nuestros amigos o familiares, es normal sentirnos un poco solos. Pero hay maneras de estar cerca aunque no podamos vernos en persona. ¿Cómo te comunicas con tus amigos o familiares cuando no puedes verlos?

• Es normal sentir rabia o tristeza cuando las cosas no son como antes. Aceptar esos sentimientos y encontrar lo bueno nos ayuda a seguir adelante. ¿Qué haces tú cuando algo no sale como esperabas?

• Siempre hay algo que nos hace sentir felices, como jugar, pasear o aprender algo nuevo. ¿Qué cosas te gusta hacer que te hacen sentir bien?

Recuerda siempre que cada día es una oportunidad para descubrir cosas buenas a nuestro alrededor. Si aprendemos a disfrutar de esos momentos, seremos más felices y fuertes.